CATALOGUE

D'ESTAMPES

ANCIENNES

PRINCIPALEMENT

DE L'ÉCOLE FRANÇAISE DU XVIIIᵉ SIÈCLE

Provenant de la collection de M. de R.

DONT LA VENTE AUX ENCHÈRES PUBLIQUES AURA LIEU

HOTEL DES COMMISSAIRES-PRISEURS, RUE DROUOT, 9

SALLE Nº 10

Le Mardi 17 Janvier 1893

à deux heures précises.

Mᵉ MAURICE DELESTRE	**M. JULES BOUILLON**
Commissaire-priseur	Marchand d'Estampes de la Bibliothèque nationale,
27, RUE DROUOT, 27	3, RUE DES SAINTS-PÈRES, 3

PARIS, 1893

H, 1

CATALOGUE

D'ESTAMPES

ANCIENNES

PRINCIPALEMENT

DE L'ÉCOLE FRANÇAISE DU XVIIIE SIÈCLE

Provenant de la collection de M. de R.

DONT LA VENTE AUX ENCHÈRES PUBLIQUES AURA LIEU

HOTEL DES COMMISSAIRES-PRISEURS, RUE DROUOT, 9

SALLE N° 10

Le Mardi 17 Janvier 1893

à deux heures précises.

Par le ministère de Me **MAURICE DELESTRE**, Commissaire-Priseur,
Rue Drouot, 27.

Assisté de **M. JULES BOUILLON**, marchand d'estampes de la Bibliothèque
nationale, rue des Saints-Pères, 3.

PARIS, 1893

CONDITIONS DE LA VENTE

Elle sera faite au comptant.

Les Acquéreurs payeront CINQ POUR CENT en sus des enchères, applicables aux frais de vente.

M. Jules BOUILLON, chargé de la vente, se réserve la faculté de réunir ou de diviser les lots.

DÉSIGNATION

TABLEAU

BELLANGÉ

1 — La Famille du soldat.
Ovale encadré.

ESTAMPES

ALIX (P.-M.)

1 bis — *Louis XVIII*, roi de France et de Navarre. In-folio
en couleur.
Très belle épreuve avec marge.

2 — *Voltaire* (F.-M. Arouet de), d'après Garneray. In-4 en
couleur.
Très belle épreuve.

ANONYME

3 — *Louis XVI*, roi des Français. Deux exemplaires de coloris
différent.
Très belles épreuves, toutes marges.

ARNOLD (F.)

4 — *Napoléon.* In-folio en pied, d'après Dahling.
Belle épreuve avec marge.

BARTOLOZZI (F.)

5 — Elisabeth-Philippine-Marie-Hélène de France, d'après Mme Guiard. In-8.

> Bonne épreuve.

BASSET (A Paris chez)

6 — Vues d'optique, Paris, Londres, etc. Six pièces coloriées.

BAUDET-BAUDERVAL

7 — Portraits de *A. Delon*, — *Baron Delattre*, — *M.-H. Desormeaux*, — *Desbordes-Borgnès*, — *P. Devaux*, — *Fradin*, — *Baron Girod de l'Ain*. Sept portraits dessinés à la sépia, sur vélin.

BAUDOIN (d'après P.-A.)

8 — Le Confessionnal, par P.-E. Moitte. (E. B., 15.)

> Très belle épreuve.

BEAUBLÉ

9 — *Louis XVI*, roi de France. In-4, d'après un dessin à la plume.

> Bonne épreuve.

BEREY (A Paris chez)

9 *bis* — L'Histoire de la Monarchie françoise, ou se voit les portraits de tous ses rois, depuis Pharamond jusqu'à Louis XIV. Quatorze planches en un volume in-folio, broché.

BINET (d'après)

10 — La Solitude agréable, — la Nourrice élégante. Deux pièces faisant pendants, gravées par Dugast.

> Très belles épreuves.

BOILLY (d'après L.)

10 *bis* — Deux jeunes femmes en buste, dans des médaillons, en couleur.

> Belles épreuves, encadrées.

BOLOMEY

11 — Portrait d'homme. In-8, à l'aquatinte.

Belle épreuve. Rare.

BONNET (L.)

12 — *Louis XV*, roi de France, d'après Vanloo. In-12.

Belle épreuve.

BOREL (d'après A.)

13 — L'Allaitement maternel encouragé, par E. Voysard.

Superbe épreuve avant la lettre, marge.

14 — La Circassienne à l'encan, gravé en couleur par Leveillé.

Belle épreuve.

15 — L'Innocence en danger, par F. Huot, 1792.

Très belle épreuve, marge.

16 — Suite de douze vignettes in-12, pour un almanach de poche.

Belles épreuves.

BOUCHER (d'après F.)

17 — Les Amants surpris, — l'Agréable Leçon. Deux pièces faisant pendants, gravées par R. Gaillard.

Très belles épreuves, marges.

18 — L'Amour ranime Aminte dans les bras de Silvie, par L.-S. Lempereur.

Bonne épreuve.

19 — Les Deux Confidentes, par J. Ouvrier.

Très belle épreuve, grande marge.

20 — La Fécondité, — les Sabots. Deux pièces faisant pendants, gravées par R. Gaillard.

Très belles épreuves, grandes marges.

BOUCHER (d'après F.)

21 — De trois choses en ferez-vous une? — Elle mord à la grappe. Deux pièces faisant pendants, gravées par J. Pasquier.

Très belles épreuves, marges.

22 — Vénus donnant du nectar à l'Amour, par F. Basan.

Très belle épreuve, toute marge.

23 — Le Doux Entretien, par L. Bonnet, à la sanguine.

Belle épreuve.

BOUILLARD

24 — *Pie VII*, d'après V. Auger. ———

Belle épreuve, grande marge.

BOUTELOU (L.)

25 — Le Grand Condé jetant son bâton dans les lignes de Fribourg, d'après Dardel. In-folio.

Très belle épreuve, marge.

CARINGTON-BOWLES

25 *bis* — Histoire de l'Enfant prodigue, en six pièces et sujets de l'Ancien Testament, en tout quinze pièces coloriées, en un volume in-folio oblong, cartonné.

CATHELIN et DUPIN

26 — Louis-Stanislas-Xavier de France, — Marie-Jeanne-Louise de Savoie, Madame. Deux portraits in-folio, d'après Drouais.

Très belles épreuves.

CHEREAU (F.)

27 — *Polignac* (Melchior de), cardinal, d'après H. Rigaud. In-folio.

Belle épreuve.

CHEREAU et SCHUPPEN

28 — *Boileau* (N.), — *Pithou* (Petrus). Deux portraits in-4 et in-folio.

Bonnes épreuves.

COCHIN (d'après C.-N.)

29 — Frontispice de l'*Encyclopédie*, par B.-L. Prevost.

Belle épreuve, marge.

30 — Louis XVI saisi d'admiration au moment où Minerve lui montre le portrait de Henri IV, gravé par Hiam.

Très belle épreuve, avec marge.

COLLART (Hans)

31 — Saint Jean prêchant.

Bonne épreuve.

DAVESNES (d'après)

32 — L'Amant regretté, par Voyez le Jeune.

Superbe épreuve, grande marge.

DEBUCOURT (P.-L.)

33 — Ah! c'est papa. 1796.

Superbe épreuve en couleur d'une pièce très rare. Avant toute lettre.

34 — Militaires écossais, — Officier de dragons danois, — la Partie de plaisir, — Officier anglais se rendant à une partie de plaisir. Quatre pièces en couleur, d'après C. Vernet.

DEBUCOURT (P.-L.) et JEAURAT (E.)

35 — Le Coeffeur, — le Dessein, — la Géographie. Trois pièces.

Bonnes épreuves.

DESCOURTIS

36 — Deux pièces de l'*Histoire de Paul et Virginie*, d'après Schall, en couleur.

Belles épreuves.

37 — Vue d'un pont sur l'Aar, — Vue du village de Hospital, dans la vallée d'Urseren, etc. Trois pièces gravées en couleur par Descourtis, d'après Rosenberg et Wolff.

Belles épreuves.

DESSINS

38 — Portraits, dessinés au crayon noir et mine de plomb, de personnages célèbres de toutes les époques. Quarante pièces.

DIVERS

39 — *Louis XVIII*, — *A. de Muing*, — *Rameau*, — *R. de La Lande*, — *Mme Elisabeth*, — *Louis XIII*, etc. Huit portraits in-4 et in-folio.

40 — Portraits relatifs au procès du Collier, — Vignettes par Moreau pour la *Henriade* et l'*Histoire de France*, — Billets de bal. Vingt pièces.

41 — Paysages animés de figures et animaux, d'après Wouwermans, Casanova, Berghem et Simonini. Cinq pièces.

Belles épreuves.

42 — Estampes d'après Le Clerc, Poussin, Mignard, Rugendas, Mallet, Rubens, Albane, Dominiquin, lithographié par Bellangé, etc. Vingt-quatre pièces.

43 — Meubles et objets de goût, — Château en Angleterre, — Vestale. Quatre pièces en couleur par Guyot, Le Cœur.

DUPIN et SULLIN

44 — Louis XVI, — Marie-Antoinette. Deux portraits in-4, faisant pendants, d'après Vanloo.

Belles épreuves.

EDELINCK (G.)

45 — Le Tellier (Michel), chancelier de France, d'après Ferdinand. *De la B. h.*
Bonne épreuve.

46 — *Poisson* (R.), comédien, d'après J. Netscher. (R. D., 299.)
Bonne épreuve.

EISEN (d'après Ch.)

47 — Concert méchanique, par de Longueil.
Superbe épreuve avec le lustre, toute marge.

48 — Le Jour, par Patas.
Très belle épreuve.

49 — Le Matin, — le Midy, — l'Après-midy. Trois pièces gravées par De Longueil.
Belles épreuves.

FRAGONARD (d'après H.)

50 — Le Verrou, par Blot.
Très belle épreuve.

FREUDEBERG (d'après S.)

51 — L'Occupation, par Lingée.
Très belle épreuve.

52 — La Soirée d'hyver, par Ingouf.
Belle épreuve avant le numéro.

GONZALEZ (d'après)

53 — Les Premices de l'amour-propre, par C. Macret.
Très belle épreuve, marge.

HAAS

54 — *Frédéric le Grand*, roi de Prusse. In-folio équestre, d'après L. Wolff.
Très belle épreuve.

HENRIQUEL-DUPONT

55. — Louis-Philippe, d'après Gérard. In-folio, en pied.
Épreuve d'artiste avec dédicace.

HODGES (C.-H.)

56 — Portrait d'un général anglais, 1794. In-folio, en manière
noire.

Très belle épreuve, marge.

HUET (d'après J.-B.)

57 — La Chèvre bien aimée, — Les Échasses, — Les Petits
gourmands, — Le Petit château de cartes. Quatre pièces
gravées en couleur par Bonnet.

Belles épreuves.

58 — Les Saisons. Suite de quatre pièces sujets d'enfants,
gravées par E. Voysard et imprimées en bistre.

Très belles épreuves avec marges.

59 — Vénus sur les eaux, par L. Bonnet, en couleur.

Superbe épreuve.

INGOUF LE JEUNE

60 — Le Portrait de Gérard Dow, d'après lui-même. In-folio.
Belle épreuve.

JANINET (F.)

61 — Marie-Antoinette d'Autriche, reine de France et de
Navarre, 1777. In-folio.

Superbe épreuve en couleur, avec son cadre ornementé, non rehaussé
d'or. Le portrait est fixé sur l'encadrement non découpé, qui est d'une
grande fraîcheur, avec une petite marge.

62 — *Crillon* et *Sully*. Deux portraits in-4 de forme ovale, en
couleurs.

Superbes épreuves avant toute lettre.

63 — Le Sommeil d'Ariane, d'après Charlier, en couleur.
Superbe épreuve.

JAZET

64 — Cosaque régulier, — Cosaque irrégulier vêtu de hardes
de femme qu'il a pillées, — Cosaque irrégulier vêtu de
hardes d'hommes qu'il a pillées, — Officier des Ulhans
russes. Quatre pièces d'après Sauerweid.

Belles épreuves.

JEAURAT (d'après E.)

65 — Le Gouté, par Balechou.

Très belle épreuve, grande marge.

66 — La même estampe.

Très belle épreuve.

67 — La Servante congédiée, par Balechou.

Très belle épreuve, grande marge.

68 — Le Mari jaloux, par Balechou.

Très belle épreuve.

JORDAENS (d'après J.)

69 — Le Roi de la fève, par J.-F. Poletnich.

Belle épreuve avant la lettre.

KAUFFMAN (d'après ANGELICA)

70 — Cordellia, par Laneau.

Très belle épreuve.

71 — Nymphs adorning Pan, — Offrande à l'Amour. Deux
pièces en couleur de forme ovale.

KLAUBER (I.)

72 — *Van-Loo* (Carle), d'après P. Le Sueur. In-folio.

Belle épreuve.

KRAUS (d'après)

73 — Le Moment dangereux, par Voyez le jeune et Feigl.

Très belle épreuve, toute marge.

LAGRENÉE (d'après)

74 — Terpsichore, gravé en couleur par Ruotte.

Bonne épreuve.

LANCRET (d'après N.)

75 — Les Ages de la Vie. Suite de quatre pièces en largeur
gravées par De Larmessin (1-28-45-86).

Très belles épreuves.

76 — Les Heures du jour. Suite de quatre pièces en largeur
gravées par De Larmessin (10-49-50 et 74).

Très belles épreuves, avec marges.

LANGLOIS (P.-G.)

77 — La Cuisinière hollandaise, d'après Wantol.

Très belle épreuve avant la lettre, grande marge.

LARMESSIN (N. DE)

78 — *Colbert* (J.-B.). In-folio.

Belle épreuve.

79 — *Hallé* (Claude), d'après Le Gros. In-folio.

Très belle épreuve, grande marge.

80 — *Louis*, Dauphin de France, d'après Tocqué et La Tour.
In-folio.

81 — *Vleughels* (Philippe), d'après Champagne. In-folio.
Belle épreuve.

LEMAN (J.)

81 *bis* — Frise avec le nom de Molière et tous les personnages
de ses comédies. Encadré.

LE PEINTRE (d'après CH.)

82 — La Cage symbolique, par Fessard.
Très belle épreuve, marge.

LEVILLY (J.-P.)

82 *bis* — L'Heureux présage, — L'Instant favorable. Deux pièces faisant pendants.

Belles épreuves.

LOMBART (P)

83 — *Savoye* (Charles-Emmanuel II, duc de), d'après Vaillant. In-folio.

Belle épreuve.

MAILE (G.)

84 — Un brave, d'après Charlet.

Belle épreuve.

MALLET (d'après)

85 — L'Instinct de la musique, — Jamais il ne dansera plus heureux. Deux pièces faisant pendants, gravées en couleurs par Prot.

Bonnes épreuves.

MECOU

86 — Napoléon François-Charles-Joseph, prince impérial, d'après Isabey. In-4.

Belle épreuve.

MIGER (S.-C.)

87 — Marie-Antoinette, reine de France, d'après Boze. In-folio.

Très belle épreuve, marge.

MOREAU (J.-M.)

88 — Décoration du sacre de Louis XVI, roi de France et de Navarre, à Reims, le 11 juin 1775.

Très belle épreuve.

89 — Constitution de l'Assemblée nationale et Serment des députés qui la composent, à Versailles, le 17 juin 1889.

Belle épreuve, grande marge.

MOREAU (d'après J.-M.)

90 — Couronnement de Voltaire, sur le Théâtre-Français, le 30 mars 1778, après la sixième représentation d'*Irène*, gravé par Ch.-Et. Gaucher.

> Très belle épreuve avec les armes et la dédicace à la marquise de Villette.

91 — Les Vœux accomplis, par J.-B. Simonet.
> Belle épreuve.

92 — N'ayez pas peur, ma bonne amie, par Helman.
> Belle épreuve, toute marge.

93 — C'est un fils, Monsieur! par C. Baquoy.
> Belle épreuve, toute marge.

94 — Le Pari gagné, par Camligue.
> Belle épreuve, toute marge.

MOREAU et FREUDEBERG

94 *bis* — Histoire des mœurs et du costume des Français dans le dix-huitième siècle, ornée de douze estampes dessinées par Sigismond Freudeberg, — Monument du costume physique et moral de la fin du dix-huitième siècle ou tableaux de la vie, ornés de vingt-six figures dessinées et gravées par Moreau le jeune. Paris, Léon Willem, 1876-1878. Deux parties en un volume in-folio, demi-reliure, mar. r.

MORGHEN (Raphael)

95 — Le Parnasse, d'après R. Mengs, — Le Prix de Diane, d'après Dom. Zampieri. Deux pièces faisant pendants.
> Belles épreuves.

NANTEUIL (Robert)

96 — Mazarin dans sa galerie (R. D., 185).
> Très belle épreuve.

PATAS

97 — Avènement de Louis-Auguste XVI et de Marie-Antoinette d'Autriche au trône de France, 10 mars 1774.
Très belle épreuve, avec marge.

PICHLER

98 — *Nassau-Siegen* (le prince de), d'après Füger. In-folio en
manière noire.
Très belle épreuve.

PILLEMENT (d'après J.)

99 — Les Voyageurs en marche, — Le Repos des voyageurs.
Deux pièces faisant pendants, gravées par James Mason.
Belles épreuves.

POILLY (F.)

100 — *Orléans* (Philippe, duc d'), d'après Nocret. In-folio.
Belle épreuve.

RUBENS (d'après P.-P.)

101 — Saint Ildephonse recevant une chasuble des mains de
la sainte Vierge, gravé par H. Witdouc.
Très belle épreuve.

SAINT-AUBIN (d'après AUG. DE)

102 — Validé ou sultane mère, gravé par Mme Lingée. In-4
en couleur.
Superbe épreuve, toute marge.

SCHULTZE (C.-G.)

103 — *Joseph II*, Empereur des Romains, d'après Kymli.
In-folio.
Belle épreuve.

SERGENT (d'après)

104 — Première vue de Trianon du côté du canal, gravé en
couleur par L. Guyot.
Très belle épreuve, marge.

SIMON (P.)

105 — *Louis XIV* en empereur romain. In-folio en pied.

Belle épreuve.

TAUNAY (d'après)

106 — Foire de village, — Noce de village, — La Rixe, — Le Tambourin, suite de quatre pièces faisant pendants, gravées en couleurs par Descourtis.

Superbes épreuves avec de grandes marges. Très rares, en aussi be état de conservation.

TENIERS (d'après D.)

107 — Le Mauvais riche, gravé par Mlle Riollet.

Belle épreuve.

TOUVENIN

108 — L'Amour et l'Amitié.

Bonne épreuve.

VANLOO (d'après C.)

109 — Conversation espagnole, — Lecture espagnole. Deux pièces faisant pendants, gravées par Beauvarlet.

Très belles épreuves.

110 — Portrait de Mlle Vanloo, gravé à la sanguine par Bonnet. In-folio.

Très belle épreuve, grande marge.

VANLOO (d'après MICHEL)

111 — *Louis XV*, par Bonnet. In-folio.

Très belle épreuve.

112 — Le même portrait, gravé une seconde fois par Bonnet, en contrepartie du précédent, imprimé en bistre.

Belle épreuve.

VERMEULEN (C.)

113 — *Meyercron* (H.), d'après Rigaud. In-folio.
Belle épreuve.

2 - 114 — Mezetin, d'après F. de Troy. In-folio.
Belle épreuve.

VERNET (d'après H.)

115 — La Duchesse de la Vallière allant au devant du Roi, à son retour de l'armée des Flandres, — La Duchesse de la Vallière contemplant un enfant de Louis XIV et de Madame de Montespan. Deux pièces gravées en couleur par Levachez.
Belles épreuves.

WATSON (J.)

116 — *Pompadour* (la Marquise de), d'après Boucher. In-4, en manière noire.
Très belle épreuve.

117 — *Guerchy* (Cl.-L.-F. de Regnier, comte de), d'après M. Vanloo. In-folio.
Belle épreuve.

WATTEAU (d'après ANT.)

118 — La Colation, par J. Moireau.
Très belle épreuve.

119 — Les Saisons, suite de quatre pièces en largeur, gravées par Brillon, Moyreau, J. Audran et N. de Larmessin.
Très belles épreuves, marges.

WEST (d'après B.)

120 — The Battle of the boyne, gravé par John Hall.
Belle épreuve.

WILLE (J.-G.)

121 — Repos de la Vierge, d'après Dietricy.
Bonne épreuve, marge.

WILLE (d'après P.-A.)

122 — La Demande acceptée, composition de cinq figures, sans nom de graveur.

Superbe épreuve avant toute lettre, grande marge.

123 — Les Joueurs, par L. Romanet.

Très belle épreuve.

WOLCKH

124 — Marie-Antoinette, reine de France. In-4, imprimé en sanguine.

Belle épreuve.

SUPPLÉMENT

AGAR (I.-S.)

125 — *Wales* (Princess Charlotte of), d'après Charlotte Jones. In-folio en pied. Belle épreuve.

ALIX (P.-M.)

126 — *Mably*. In-folio en couleur. Belle épreuve avant la lettre.

ANONYME

127 — *Richelieu* (le Maréchal de). In-4. Belle épreuve avant toute lettre.

BARTOLOZZI (F.)

128 — L'Enfant endormi, d'après Cipriani, — L'Innocence endormie, — Les Anges gardiens. Trois pièces. Belles épreuves.

BEREY (A Paris chez)

129 Le Jeu du blason. Pièce en largeur avec légende.

BEYS (d'après J.)

130 La Mort de Robespierre, gravée par J. Idnarpila. Belle épreuve, marge.

BOILLY (d'après L.)

131 Qu'elle est gentille, — Le Cadeau. Deux pièces faisant pendants, gravées par Bonnefoy. Belles épreuves.

BOUCHER (d'après F.)

132 Pensent-ils à ce mouton ? par Mme Jourdan. Très belle épreuve avant la lettre, marge.

BRUNESEAU (Ch.)

133 Vues du Parc et Château de Jouy. Trois pièces. Rares épreuves avant la lettre, à l'état d'eau-forte.

CALLOT (J.)

134 La Petite vue de Paris (M., 712). Très belle épreuve.

CARRÉE

135 Vue perspective de la fontaine des Innocents. 1790. Très belle épreuve en couleur.

CASTELLI

136 Grandes lithographies pour affiches. Vingt-deux pièces, dont plusieurs doubles.

CHOFFART (P.-P.)

137 *Le Serurier* (J.-L.), négociant à Saint-Quentin. In-8. Belle épreuve.

COCHIN (d'après C.-N.)

138 — Vignettes in-4, avec bordures pour l'histoire de France. Vingt-deux pièces gravées par B.-L. Prevost. Belles épreuves.

139 — Dix vignettes in-4 pour la Jérusalem délivrée. Belles épreuves, toutes marges.

COSWAY (d'après R.)

140 — Abelard and Eloïsa, par Humphry. Belle épreuve.

DEBUCOURT (P.-L.)

141 — La Fuite du mameluck, — Charge de mamelucks. Deux pièces faisant pendants, d'après C. Vernet. Très belles épreuves avant la lettre.

142 — Le Chiffonnier, d'après C. Vernet. Belle épreuve.

DESRAIS (d'après)

143 — *Marie-Louise*, impératrice, par Fortier. In-folio en pied. Belle épreuve.

DIVERS

144 — Lithographies par Géricault et C. Nanteuil. Douze pièces.

145 — Caricatures françaises tirées de différentes suites. Douze pièces.

146 — Caricatures anglaises en couleurs. Quarante-deux pièces.

147 — Ornements par Lalonde, Pariset, Marillier, etc. Douze pièces.

148 — Portraits, vues, etc. Dix-huit pièces.

149 — Sous ce numéro, il sera vendu par lots dix portefeuilles d'Estampes de toutes les écoles, eaux-fortes modernes, ex-libris, etc.

DUFLOS (P.)

150 — Marie-Antoinette. In-4 en pied et grand costume de cour, d'après Touzé. Belle épreuve, marge.

DUPLESSIS-BERTAUX ET LEVACHEZ

151 — Portraits tirés des tableaux de la Révolution. Trente-six pièces.

EISEN (d'après Ch.)

152 — Vignettes in-8° pour les Contes de La Fontaine. Trente-huit pièces.

152 bis — La Nuit, par Patas. Belle épreuve, sans marge.

153 — Le Vieux Débauché, par Voder. Belle épreuve.

ÉCOLE FRANÇAISE DU XVIII° SIÈCLE

154 — Vénus et l'Amour. Jolie pièce de forme ovale, imprimée en rouge. Très belle épreuve avant toute lettre.

155 — Convoi de très haut et très puissant Seigneur des Abus, mort sous le règne de Louis XVI, le 27 avril 1789. Grande pièce in-folio en largeur, en couleur. Très belle épreuve.

FICQUET (Etienne)

156 — *Descartes* (René), d'après Hals, — *La Fontaine* (J. de), d'après Rigaud, — *Montaigne* (Michel de), d'après Dumoustier, — *Regnard* (Jean), d'après Rigaud, — *Rousseau* (J.-B.), d'après Aved, — *Voltaire*, d'après de La Tour. Six portraits in-8°. Belles épreuves.

157 — *Descartes*, — *Rousseau* (J.-B.), — Voltaire. Quatre portraits dont un double.

FOULQUIER

158 — Suite de vignettes et portraits pour illustrer les OEuvres de La Bruyère. Dix-huit pièces. Épreuves avant la lettre, sur chine.

FRAGONARD (d'après H.)

159 — Le Savetier, pour les Contes de La Fontaine. In-4°. Epreuve avant la lettre.

GÉRARD (d'après Mlle)

160 — L'Art d'aimer, par H. Gérard. Très belle épreuve avant la lettre.

GÉRICAULT

161 — Retour de Russie (cl. 12, r. r.). Très belle épreuve imprimée à deux teintes.

162 — Marche dans le désert (21), — Passage du Mont Saint-Bernard (22). Epreuve avant la lettre. Deux pièces.

163 — Lara blessé (23), — Shipwreck of the meduse (24). Deux pièces.

164 — Cheval de carrosse monté par un palefrenier en veste, coiffé d'un chapeau rond (39), — Le Marchand de poisson assis près de son étal et endormi (40), — Guillaume le Conquérant rapporté après sa mort à l'église de Saint-Georges de Boscherville 45). Trois pièces. Belles épreuves.

165 — Etudes de chevaux, d'après nature. Suite de douze pièces publiées chez Gihaut (47-58). Superbes épreuves du premier état.

166 — Suite de huit pièces publiées chez Gihaut (59-66). Très belles épreuves du premier état, avant l'adresse de Gihaut.

167 — Suite de sept pièces, publiées par Gihaut (67-73). Très belles épreuves.

168 — Etudes de chevaux. Suite de grandes lithographies françaises. Douze planches et un titre, imprimés par Villain, publiés par Gihaut en 1822 (74-86). Superbes épreuves du premier état, avant que le nom de Villain ait été effacé.

GÉRICAULT

169 — Suite de cinq pièces encadrées, publiées par Mme Hulin en 1823 (87-91). Superbes épreuves du premier état, avant que le nom de Mme Hulin et l'adresse de l'imprimeur aient été effacés.

170 — Suite de quatre pièces, par Géricault et Eugène Lami, publiées par Gihaut en 1823 (92-95). Très belles épreuves.

GREUZE (d'après J.-B.)

171 — L'Offrande à l'amour, par Macret. Belle épreuve. —

172 — La Paresseuse, par Moitte. Belle épreuve avant la lettre.

173 — La Petite Fille au chien, par Porporati. Belle épreuve.

HUET (d'après J.-B.)

174 — Le Cœur de la nation. Jolie pièce publiée à l'occasion de la naissance du Dauphin, 1781. Belle épreuve.

JAZET

175 — Entrée de Louis XVIII à Paris, par la porte Saint-Denis. Superbe épreuve avant la lettre, grande marge.

LAMI (Eugène)

176 — Scènes de la vie anglaise et vues de Londres. Six pièces coloriées.

LANÇON (d'après)

177 — Bœuf à la mode, par Leclerc. Belle épreuve. —

LAVREINCE (d'après N.)

178 — Le Concert agréable. — Le Mercure de France. Deux pièces faisant pendants, gravées par C. N. Varin et Guttenberg le jeune. Très belles épreuves.

LE BARBIER (d'après)

179 — Bienfaisance du Roy, par Le Vasseur. Belle épreuve.

180 — Canadiens au tombeau de leur père, par Ingouf. Belle épreuve avant la lettre.

LE BEAU

181 — Marie-Thérèse, impératrice, d'après Dutertre. In-8. Belle épreuve avant le numéro, marge.

LE BEL (d'après)

182 — La voilà prise, par Lerouge. Belle épreuve avant la lettre, toute marge.

LE CLERC (d'après F.)

183 — Le Bon Logis, par L. Donnet, à la sanguine. Bonne épreuve.

184 — La Sultane infidèle, par Deny. Belle épreuve avant la lettre.

185 — La Vie de l'Enfant prodigue. Suite de cinq pièces, par divers graveurs.

LEFÉVRE (A.)

186 — *Napoléon Ier*, d'après Steuben, — le général *Foy*, d'après Hersent. Deux portraits in-folio. Belles épreuves avant la lettre.

LALANNE (M.)

187 — Un vieux Port de la Normandie. Belle épreuve avec dédicace.

LEMUD (A. DE)

188 — Maître Wolffbramb. Belle épreuve.

MAITRE AU MONOGRAMME A. L.

189 — Portrait de George, duc de Saxe. (B., T. IX, page 39, n° 1.) Belle épreuve.

MALLET (d'après)

190 La Lecture, par Eymar. Très belle épreuve avant la
lettre, marge.

MARILLIER

191 Nouveaux trophées ou cartouches représentant les arts
et les sciences. Huit pièces. Belles épreuves.

MARLET

192 La Galerie du Palais-Royal, lithographie publiée vers
1830. Très belle épreuve, toute marge. Rare.

MICHEL (J.-B.)

193 *Préville* (Mlle Angélique Drouin, femme du sieur),
d'après Colson. In-folio. Belle épreuve.

MOREAU (d'après J.-M.)

194 Vignettes pour *Psyché* et les *Géorgiques*. Trois pièces.
Rares épreuves à l'état d'eau-forte, toutes marges.

MOREAU ET LE BARBIER (d'après)

195 Suite de trente-neuf vignettes in-4, dont un portrait,
pour illustrer les Œuvres de Rousseau. Très belles
épreuves, toutes marges.

MORLAND (d'après G.)

196 The Elopement, — the Tavern door, — the Vertuous
parent. Trois pièces gravées par Bartoloti, imprimées
en couleur. Très belles épreuves, toutes marges.

197 Garçons dérobant un verger, — Garçons patinant, —
le Fermier en colère, — Garçons baignant. Suite de
quatre pièces gravées par Levilly et Bartoloti. Belles
épreuves, toutes marges.

NANTEUIL (R.)

198 *Scuderi* (G. de). (B. D., 221.) Belle épreuve.

199 *Steenberghen* (Jean-Baptiste Van), conseiller du roi au
conseil de Flandre. (R. D., 226.) Très belle épreuve du
premier état, plus une épreuve du deuxième état. Deux
pièces.

NICOLETO DE MODÈNE

200 — Panneau d'ornement. (B., 57.) Bonne épreuve.

PAYEN

201 — Joseph Napoléon, roi de Naples, d'après Swebach.
In-8 en couleur. Belle épreuve toute marge.

PETERS (d'après W.)

202 — A Cremonese Lady, par J.-R. Smith. Belle épreuve.

PRUD'HON (d'après P.-P.)

203 — La Vengeance de Cérès, par Copia. Très belle épreuve
avant la lettre.

RAPHAEL (d'après)

204 — Les Heures du jour. Suite de douze pièces par divers
graveurs. Très belles épreuves avant la lettre.

REYNOLDS (d'après Sir J.)

205 — Je l'attrapperai, — Je l'apprivoiserai. Deux pièces
faisant pendants, gravées par Bartoloti. Belles épreuves,
toutes marges.

DU SART (Corneille)

206 — Les douze mois de l'année. Suite de douze estampes
(B., 20-31). Très belles épreuves.

SAVART (P.)

207 — *Boileau-Despréaux* (Nicolas), d'après Rigaud, — *Féne-
lon*, d'après Vivien, — *Louis le Grand*, d'après Rigaud,
— *Racine*, d'après Santerre. Quatre portraits in-8.
Belles épreuves.

SAVRY (S.)

208 — Planches tirées de l'Entrée de Marie de Médicis à
Amsterdam. Seize pièces.

SCHUPPEN (P. Van)

209 — *Arnauld* (La Mère Marie-Angélique), d'après Champagne. In-folio. Belle épreuve.

STOTHARD (d'après Th.)

210 — The Children in the Wood, par Edmund Scott. Belle épreuve.

TARDIEU

211 — Trompe-l'œil, au milieu, un vieux mendiant debout, d'après Callot.

TÉNIERS (d'après)

212 — Le Marché. Belle épreuve avant toute lettre.

VINKELES (R.)

213 — Fête de la liberté, célébrée à l'occasion de l'inauguration de l'arbre de la liberté, à Amsterdam, 1795, d'après Kuyper. Deux épreuves dont une à l'état d'eau-forte.

WATSON (Th.)

214 — Abélard, d'après Gardner. Belle épreuve avant la lettre.

WATTEAU (d'après Ant.)

215 — La Danse paysane, par B. Audran. Très belle épreuve.
216 — La Partie quarrée, par J. Moyreau. Très belle épreuve
217 — La Proposition embarrassante, par N. Tardieu. Belle épreuve.

WILLE (d'après P.-A.)

218 — La Nouvelle affligeante, par Cathelin. Belle épreuve.

Imprimerie D. Dumoulin et Cie, à Paris.

14- Suzanne   J. B.
4   architecture

PARIS

IMPRIMERIE D. DUMOULIN ET Cᵉ

5, RUE DES GRANDS-AUGUSTINS, 5